만인시인선 · 38
하양의 강물

도광의 시집
하양의 강물

만인사

자서

　시 앞에서 느끼는 긴장감, 죽을 때까지 이 긴장의 끈을 놓지 않고 시를 써도 제대로 된 시를 쓸 수 없을 것 같다. 시를 볼 줄 아는 눈이 있어야 좋은 시를 쓸 수 있다. 좋은 시를 볼 줄 알아도 좋은 시 쓰기의 어려움을 체험한다. 시의 언어에 유려함이 없다면 시다움이 없다. 시는 짧든 길든 말을 아끼고 아껴야 한다. 겉으로는 수수하고 소박해 보여도 시는 숨가쁜 세상에 대한 저항이 있어야 한다.

　유년의 풀밭이 어제인데 고희를 넘었다. 그림자 밟고 다닐 날도 얼마 남지 않았다.

차 례

자서 ——————— 5

1
蜻蛉 일기 ——————— 13
늙은 자연 ——————— 14
초록의 까치집 ——————— 15
우슬에게 · 1 ——————— 16
우슬에게 · 2 ——————— 17
우슬에게 · 3 ——————— 18
우슬에게 · 4 ——————— 20
우슬에게 · 5 ——————— 21
우슬에게 · 6 ——————— 22
히야신스꽃 ——————— 23
월곡동에서 ——————— 24
오래 견디다 보니 ——————— 25
그대까지도 ——————— 26
우편엽서 ——————— 27
봄 ——————— 28

차 례

2
까치 일기 ——————— 31
봄 데리고 왔다 ——————— 32
平明한 날도 있지만 ——————— 33
풀밭 빗물이 마를 때에야 ——————— 34
고요 적시는 빗소리 ——————— 35
남풍이여 ——————— 36
小春 ——————— 37
우수 무렵 ——————— 38
묵묵부답 ——————— 39
시누대 ——————— 40
신풍역 ——————— 41
弔鐘 ——————— 42
섣달 스무 아흐레 밤은 ——————— 43
세상이 누추해지기에 ——————— 44

차 례

3

靑夏 —————— 47
밀양 삼랑진 가는 길 —————— 48
아궁이 불꽃 —————— 49
다시 시작하는 바다 —————— 50
목관악기 여자 —————— 52
모량역 —————— 53
박훈산 肖像 —————— 54
이설주 시비 —————— 55
핑경 소리 나던 시절 —————— 56
후난성 馬橋에 있었던 일 —————— 57
흐린 물 가에서 —————— 58
시베리아 원주민 —————— 59
문화예술회관 뜰에서 —————— 60
친구 구활 —————— 62
우체국장 이무길 —————— 63
근황 —————— 64

차 례

4
憙樂和樂 ——— 67
풍경의 傾斜 ——— 68
디오티마에게 ——— 69
여수항에서 ——— 70
까치야 까치야 ——— 71
2월이 좋은 것은 ——— 72
까치놀 ——— 73
사초과 가는 잎들이 ——— 74
I have nothing to do with it ——— 75
분지에 내린 눈 ——— 76
볍씨 모아서 ——— 77
일 없는 오후 ——— 78
林間學校 ——— 79
이런 횡재 ——— 80
항변 ——— 81

차 례

5
하양의 강물 · 1 ——— 85
하양의 강물 · 2 ——— 86
반야월은 지금 ——— 87
뻐꾸기와 굴뚝새와 박새 ——— 88
동강리 ——— 90
다시 동강리 ——— 91
竈王紳이 도와야 ——— 92
반나절 봄 ——— 93
한열 아재 없는 고향 ——— 94
헌 고무신 ——— 97
우리 사랑도 ——— 98
무학산을 보며 ——— 99

| 시인의 산문 |
시의 스펙트럼과 고향 ——— 100

1

蜻蛉 일기

잠자리 한가로이 날고 있다
햇볕이 잔잔하고 고요하다
午睡에 빛나는 못물 보고 있노라니
연잎 위에 앉은 잠자리처럼
바이올린 한 줄 위에 나는 소리처럼
하루의 생각이 단순해진다

늙은 자연

　지리산에도 큰부리까마귀 둥지 보기 어렵다 물까마귀는 갈겨니, 쉬리를 산모퉁이 햇살 아래 먹는다 수액으로 배 채우는 새가 봄 기다린다 나무 구멍 들락이는 청딱따구리 배 고픈 모양이다 나이를 같이 먹는 친구의 안부가 걱정이다 덥다 춥다 하다가 일년 퍼뜩 지나간다고 까탈스럽게 굴면 대낮에도 거미줄에 얼굴이 걸리고, 한쪽으로 뻗은 가지에 눈 찔린다 식탁에 둘러앉아 입 자주 놀리는 여자는 남해 오동마을 앉은뱅이 밀의 가치는 모르고 인터넷밖에 없다 겨울 추위를 느끼지 못하고 살다가 보니 계절의 속도를 모르고 지낸다 인동초 고목 줄기 타고 끝 간 데 없이 올라간다 인디안 추장 닮은 후투티 긴 꼬리 쉴 새 없이 흔들며 기다리지 않는 봄 재촉하고 있다

초록의 까치집

곤줄박이 박새들이 옹달샘 찾아왔다
흔한 것 초록이고, 반짝이는 것 강물인데

세상의 浮薄함이 늘어날수록
세상의 浮華가 늘어날수록

동박새 목 축이던 옹달샘 없어지고
그 흔한 초록 강물도 사라졌다

높다란 미루나무에 덩그런 초록 까치집이
이런저런 풍경 기우뚱 내려다 보고 있다

우슬에게 · 1

牛膝을 안고 갔던 자리에
가을비 내렸으나 흙이 젖지 않았다
반짝이는 은회색 털 나부끼며
우슬과 오르던 소방산이
혼자 오르는 소방산이 되었다
삶이 죽음으로 이은 목숨일지라도
잠자리 날개만큼이나 가벼워졌다
며칠만에 모여 핀 산국화도 서러웠다
우슬아, 너 혼자 슬픈 잠에 물들지 말고
소방산 우슬꽃으로 자라
바람 자는 고요에 묻혀
편안 편안 잠들거라
우슬아

우슬에게 · 2

떡갈나무 서녘 산쪽에 별이 보인다
일찍 세상 하직한 종숙 별도 보이고
얼마 전 세상 떠난 재종숙 별도 보인다
별 중엔 우슬 별도 있는데
함박눈 오는 날 은빛 털 나부끼며
돈 싼 보자기 입에 물고 와서
내 앞에 두고 갔는
銀河 맑은 데시빌로 울고 우는
개별꽃 크기만한 우슬 별이 보인다

우슬에게 · 3

  소방산은 소나무 오리나무 많다 까치는 소나무에 앉아 낯선 사람이 지나가면 지옥 使者라도 쫓아 낼 듯이 자지러진다 까마중 열매를 닮은 어치는 다른 새 울음소리 흉내낸다 오리나무 잘 타는 청설모가 오솔길에 나타나 솔방울이 없다고 마른 소나무 가지 부러뜨린다

  까치야, 어치야, 청설모야

  실없이 장난치지 말고, 우슬하고 놀아라 우슬하고 놀면 이승과 저승 사이 홀아비가 사는 집 한 채 주겠다고 약속하마

  까치야, 어치야, 청설모야

  우슬하고 놀아라 우슬하고 놀면 봄이 올 때마다 이른 살구꽃, 양달진 곳에 핀 빨기빨기한 꽃맹아리 제일 먼저 입에 넣어 줄게

아, 나 또한 몇 생의 나날 이른 살구꽃 양달진 곳에
핀 꽃맹아리를 만나 보게 될까

우슬에게 · 4

방아깨비 방아 찧듯이
여름이 오고 갔다
세월의 능선 가팔라질수록
달빛 숨었던 丘陵이 없어졌다
우슬아, 바람이 부르고 구름이 손짓해도
소방산 봉우리 넘지 말아야 한다
소방산 고요에 잠들어 있어야 한다
소방산 봉우리 넘어가면
잎진 떨켜에 진딧물 득실거리고
가시덤불 도깨비 바늘에 눈찔린다
집 가까운 이승과도 멀어진다
소방산 고요 더미로 돌아오기 어렵다

우슬에게 · 5

소방산 蘇塗에 누워
아침 해 비치면 髑髏로 빛난다
정오 해 달면 청설모와 장난친다
오후 해 설핏하면 까막까치와 논다
저녁에 배 고프면 까마중 따 먹는다
밤이 추우면 팔색조 파란 깃털 덮고 잔다

우슬에게 · 6

양산 밑에 양지꽃 노랗고
우산 밑에 우슬꽃 하얗다

외딴 산모롱이 에돌아 가다가
우슬아, 너를 부르니

마거리트 하양 챙 밑에 숨어 버린다

히야신스꽃

　노인대학 다니는 학생이 할머니라는 말 듣기 싫다고 상추머리하고 웃고 있다

　오래 사는 연습한다고 뱃살 내놓고 배꼽체조하며 웃고 있다

　히야신스꽃 화사히 불 밝히고 웃고 있다

월곡동에서

아파트 공터에 남새밭 만들었다
김노인도 뙈기밭 하나 일구었다
비 온 푸실푸실한 땅에 푸성귀 자라면
새장 같은 아파트가 싫은 김노인은
물 주고 풀 뽑는 일이 소일거리다
처녀인지 아주머니인지 구분 안 되는 여자들에게
푸성귀 채소를 팔고 있다는 말을 듣고는
김노인이 침울해지는 이유 아는 이 없다
김노인이 침울해지는 흙빛 얼굴 아는 이 없다

오래 견디다 보니

오래 견디다 보니 외로움이 단순해진다
오래 견디다 보니 불행이 없어져간다
오래 견디다 보니 지루한 하루가 평온해진다
오래 견디다 보니 물이 넘치도록 비가 와도 재앙이 피해간다
오래 견디다 보니 고통의 시 쓰기도 추억같이 되돌아 보인다

그대까지도

옛적엔 수더분히 피던 씀바귀꽃이
남자 마음 편하게 해 주었는데
요새는 수더분히 피던 씀바귀꽃도
남자 마음 편하게 해 주지 않는다
반가운 손님이 온다고 울던 까치가
화장한 얼굴로 치장한 까치 여자가
떼로 몰려 다니며 수다스레 야단법석이다
사랑이 아니면 죽음이라고 말한 그대까지도
돈이 가는 곳에 정이 간다고
돈이 아니면 사랑이 아니라고 말하는
그대가 되었다

우편엽서

마른 풀잎 사이로
삐죽이 고개 내미는
소루쟁이 눈부신 하루라서
고맙고 눈물 난다고
이렇게 적는다

사랑하는 그대여
늙어가는 그대를 보며
늙어가는 술병을 보며
술 마시는 오늘이 슬프다고
이렇게 적는다

봄

갈대 구멍에서 슬픈 소리낸다
술에 젖은 유행가 앞세우고 슬픈 소리낸다
風病 든 몸 비틀비틀 여름으로 건너가며
슬픈 소리낸다

2

까치 일기

이마에 콜라겐 주사 맞았단다
코 끝에 라텍스 넣었단다
턱도 광대뼈도 깎아 내었단다
알아보기 어려운 얼굴이 되었단다
하나밖에 없는 얼굴이 없어졌단다
알송달송한 세상이 되었단다

버드나무에서 까치가 일러주고 갔다

봄 데리고 왔다

 웬디스 소녀 걸어가는 압구정동 완구점 앞에도, 헝겊 걸친 문둥이 살고 있던 경주 서천 냇가에도 봄 데리고 왔다

 신라 전성시대 사방 팔십 리 숯불로 밥 지어 연기 못 올리게 한 귀족들 사치로 천년 사직이 망했다지만, 남산에서 서악, 선도산이 보이는 교촌 마을을 끼고 흐르는 문천에서 신라의 찬란했던 시절이 그리워 신라인을 닮은 계림이나 미추왕릉 노송들이 봄빛에 살아서 거뭇거뭇 걸어오는 것 같다고 東里 선생이 말했지만, 古都 봄은 죽은 것도 이렇게 살려내고 있었다

 KTX를 타고, 아지랑이 언덕 넘어 경편기차 타고, 자목련 화사한 청남대에 가난한 달동네에 봄 데리고 왔다 시골 寒驛 아스타포보에서 외로이 눈 감은 아나키스트의 고향 야스나야 폴랴나에도 봄 데리고 왔다 이스랏꽃 아우성치는 고향집에도 봄 데리고 왔다

平明한 날도 있지만

평명한 날 있지만
일요일 아침은 늦잠으로 곤하다
섬유공장 담벽 돌며 일렁이는
달걀 모양의 은백양잎들이
뜰 없는 이웃, 집 없는 사람들에겐
앞산이 借景이 된다
상추쌈 좋아하는 여름 식탁엔
오이소박이 자주 놓이고
성서쪽에서 바람이 건너오면
달걀 모양의 은백양잎들이
약속의 손바닥 하얗게 뒤집기도 한다
아르곤 가로등이 켜지는 귀가길
가로수 밑둥에 바람이 꽉꽉 차면
이혼한 텔런트 연예계로 돌아온다고 떠들썩하나
뜰 없는 이웃, 집 없는 사람들에겐
은백양잎이 차경이 되어 준다

풀밭 빗물이 마를 때에야

물푸레잎 흔들며 소나기 지나간다
여자가 신음소리 내며 자지러진다
밀고 들어가는 팽창감에 몸 떨었다
물푸레잎 때리는 박자에 앞뒤로 춤춘다
쏟아붓듯 내리다 그친다
개는가 싶다 느닷없이 한 차례 더 쏟아진다
이젠 오지 않겠지 하지만 또 퍼부어댄다
세번째 소나기 그쳐야 날이 갠다
격렬한 움직임은 소나기 다 지나가고
풀밭 빗물이 마를 때에야 끝이 났다
남자가 여자를 안고 개울로 나가
땀에 젖은 몸 깊은 곳 씻어 주었다
키 큰 물푸레잎이 한결 푸르렀다

고요 적시는 빗소리

빗소리 산의 고요 듣는다
푸른 잎 적시는 소리 듣는다
비 종일 와도 산은 동요하지 않는다
잠시 장맛비 그치는 날이면
장수거미 물푸레나무에 알을 낳고
찌르레기 고목의 옹이 속에
나무타기 좋아하는 다람쥐 나타나고
꽃뱀이 두꺼비 새끼 잡아 먹는다
고요 속에 산을 적시는 빗소리 없었다면
키 큰 물푸레나무 빗속으로 걸어 왔겠는가
마음까지 적시는 빗소리 없었다면
마음 감싸고 도는 먼 강물 보였겠는가

남풍이여

언 손 녹여주던 남풍이여

가장 단단한 金剛에서 한없이 부드러운 초록에 이르기까지 해산한 아내 몸 풀어주던 남풍이여

바람난 여자로 떠돌다가 헛된 나날 보내고나니 부끄러운 몸으로 당신 앞에 설 수 없습니다

야박한 세상이라 그렇게도 울던 까치가 감나무 높이에서도 울지 않습니다

언 손 녹여주던 남풍이여

小春

음력 시월 소춘이라 부른다
양력 십일월 십오일 소춘 한가운데
해 뜨는 시각 07시 01분
해 지는 시각 17시 18분
점심 먹고 앉았다 일어서면
날이 금세 어둑어둑하다
나이 많이 먹은 사람에게는
지구의 빠른 自轉 축으로 아찔해진다
하루 저물어 한 해 저물듯이
한 해 저무는 휑뎅그렁한 거리
발걸음이 취해서 비틀거린다

우수 무렵

경부선 낙동 지나면서
강물에 잠긴 철교 그림자
무뚝뚝한 사내 얼굴로 비치고 있었다
강물 위로 여자가 지나갈 때도
철교 그림자 요동 없었는데
우수 가까운 오늘 아침
사내가 설레이고 있음은
사내에게도 스토브 같은 온기 남아 있음인가
오늘이 우수 가까운 절후인데…….

묵묵부답

둑에 나무 베어 버리고 난 이후에
물에 잠긴 그림자 볼 수 없었다
소쿠리 모양 에둘러 앉아있던
한가한 산 그림자 볼 수 없었다
나무 몇 그루 베어 버렸다고
물에 잠긴 산 그림자 볼 수 없다니
그게 말이 되느냐고
지나가던 여자가 대꾸한다
글쎄요, 나 또한 묵묵부답일 밖에…….

시누대

경주에서 감포로 가는 도중에
바다가 보이는 언덕에는
바람에 사각이며 흔들리는 것이 있다
사랑이 절망의 무덤일지라도
세월이 지난 후에는 상처가 나아진다고
세월이 지난 후에는 아득히 잊혀진다고
바다가 보이는 언덕에는
바람에 사각이며 흔들리는 것이 있다

신풍역

익산 목포 오가던 통일호 열차
덕양역 여천역 미평역 지나
하루 두 번 기차가 지나가면
바람도 아물아물 숨을 쉰다
19시 45분 막차가 출발하면
오고 가는 사람 하나 없고
기차만 바다 곁에 머물다 떠나간다

弔鐘

눈이 내린다
눈물의 눈이 내린다
눈물의 눈이 고체 때 미운 감정의 질량이 커진다
눈물의 눈이 외로운 크라이오닉스* 精靈을 잠재운다

눈이 내린다
눈물의 눈이 내린다
 눈물의 눈이 바닷가 연보라 해국 잠재우고, 아름드리 곰솔 잠재운다

눈이 내린다
눈물의 눈이 내린다
 눈물의 눈이 내리는 밤엔 눈물이 고체로 말라 한 마리 얌전한 요크셔테리아 된다

---

* cryonics : 인간이나 생물을 얼음처럼 얼려서 냉동 보관하는 것

섣달 스무 아흐레 밤은

해외에서 설을 보내려고 떠나는
섣달 스무 아흐레 밤은
아기 사슴 닮은 작은 섬에
목화송이 같은
함박눈이 내려야 한다
눈이 내려 아름다워야 한다
상흔 덜 아문 모서리에
눈이 내려 부드러워야 한다
고흥반도 황토길 작은 섬에
어루만져주고 다독거려주는
목화송이 같은
雪片이 분분 내려야 한다

세상이 누추해지기에

얼었던 물이 풀리면서
개 짖는 소리 산그늘
못물에 잠긴다

얼음이 덜 녹은 못 가장자리
간밤 내린 눈으로 하얘졌다

세상이 누추해지기에
그런 풍경이라도 남았으면 좋겠다

3

靑夏

초록 거미줄에 걸린 매미 종일 울고 있다
울퉁불퉁 굴참나무 산비탈 내려오니
중천의 해가 서천에 떴다
어둠에 깔리는 주막 옆 개천에는
물에 빠진 달이 泥醉에 뒹굴고 있다

밀양 삼랑진 가는 길
— 조오현 스님께

밀양 삼랑진 가는 길 양쪽에 실버들 늘어졌습니다 강원도 인제 땅은 봄이라지만 산사나무 사스레나무 떨기나무들이 맨몸으로 떨고 있지요

詩가 禪 만나면 비단을 덮어주고, 선이 시 만나면 玉刀를 준다지만, 저승 아닌 이승의 삶이라야 술잔도 나눌 수 있고 키 높이 자란 코스모스와 눈 맞추는 기쁨도 있지요

밀양 삼랑진 가는 길은 바람에도 색이 있어 바람에 연두색을 칠해줍니다 자본이 빠르게 지나가는 서울과는 달리 느리게 지나가는 바람이 살고 있습니다

밀양 삼랑진 가는 길 양쪽에 연두색 실버들이 늘어졌습니다 우리 모두 고향으로 가는 길입니다

아궁이 불꽃
— 조오현 스님께

저녁밥 짓는 아궁이에 잔솔가지 나직나직 타들어 가던 자황색 불꽃 오랫동안 보지 못했습니다

저녁 쇠죽 쑤는 아궁이에 생솔가지 타다닥 타다닥 토닥토닥 콩 볶듯 콩 타작하듯 타들어 가던 파르스름한 불꽃 오랫동안 보지 못했습니다

저녁 草堂방 아궁이에 능금나무 삭정이 꺾어 눈물 찔끔거리며 군불 땔 적에 작은 머슴 볼 발그레 물들이며 타고 있는 오색 찬란한 불꽃 오랫동안 보지 못했습니다

다시 시작하는 바다

정오의 고요한 지붕이 午睡에 빛나고 있다
사이프러스나무 死者의 이름 위에 그늘 지운다

세 자매 중 가장 젊은 파르크
평온한 불멸의 존재로 남을 것인가
쾌락 즐기는 찰나의 존재로 남을 것인가
새벽 바닷가를 거닐며 망설인다
안개는 行軍을 이끌고
소나무 사이 무덤 사이 두근거리고
바빌론 물빛 저택, 세트 묘비명 앞뜰에서
바람이 키를 세우고 다시 시작하는 바다
쓸쓸한 의식의 들판 헤매다가
훈훈한 관능의 살결 그리워하다가
말라르메의 얼어붙은 호수를 배회했다

한 마리 뱀의 집을 위해
기적의 산더미 만들기 위해
남정이 女墻 넘어 子壺로 들어가듯

새벽빛 출렁이는 해변의 이마 위에
慈養이 건너는 언어의 광휘 속에
영롱한 잠의 즐거움을 누릴 수 있을까
영원한 언어의 잠 속에 눈 감을 수 있을까

목관악기 여자

솔로몬 聖殿 백합이 한 떨기 구절초보다 못할 때 있다
어느 시인은 소금보다 짠 인생 안주하며 주막을 나선다고 했지만
세상이 야박해서 그런 주막도 그런 인생도 없다
교회당에 갔다 오며 전화주면 안 되는가
고독이 높은 나무에서 고독이 더 높은 나무에서
초록지팡이로 성전 소요하는 여자에게는
릴케의 手記에서 말하고 있는
방탕한 아들의 전설이 아니더라도
진실한 사랑은 쉽사리 받는 것이 아니라
사랑은 계속해 나가는 것이 아니면 안 된다고 말하고 있다
가장 높은 나무에서 우는 고독한 새도 말하고 있다

모량역

산수유꽃 개나리 하도 피어
驛舍 지붕도 노란꽃이 된다
열차가 모량역 지날 때
작은 못 수줍게 얼굴 내미는
못 가 나무에 까치집 모여 산다
까치 앉았다 날아가는 순간
나무가지가 가늘게 떨리다가
찰방대는 못물에 잠긴다
산수유 개나리 하도 피어
마을 지붕들도 꽃이 된다
열차가 모량역 지나면서
까치집 못물에 잠기면
木月 선생 생각하는
내 마음도 꽃이 되어
못물에 잠긴다

박훈산 肖像

 이봉구가 〈명동 백작〉이라면, 박훈산은 큰 발로 큰 키로 걸어다닌 〈지역 대감〉이었다 남일동 아가씨가 벗어놓은 보트만한 신 보고 기겁하고는 花代 내놓고 도망쳤다고 한다 향촌동 다방마담 짝사랑하다 자살 소동까지 일으키기도 했다 바람이 무성할 때는 가보세, 혹톨, 쉬어가는 집에 나타나 술을 마셨고, 바람이 시들을 무렵에는 행복식당, 은정식당에 가끔 자리했다 청도 금천면 선마루 儒家인데도 가문 자랑한 적이 없었고, 시보다 아주까리 밤수풀이 휘청이도록 술을 마셨다 술값 떼어먹은 것이 恒茶飯事인데도 술집 여자들은 바람 맞아 구겨진 마음 다림질해 주었다 가브리엘 가르시아 마르케스가 하룻밤에 60명 받느라 진땀 빼는 혼혈창부의 이야기는 재미있는데, 맛도 재미도 없는 것이 김춘수 시라고 말하고는 신동집 시인에게 술을 얻어 먹기도 했다 과일이 썩으면 벌레를 불러들이듯 여자 탐한다고 망신당한 일 있지만 구차한 얼굴 감싸지 않았다.

이설주 시비

청동 못물이 눈 맞고 있다
아이스크림 콘 닮은 산이 눈 맞고 있다

옛날엔 약속이 지켜졌기에 눈이 왔다
옛날엔 약속 안 어기고 기다렸기에 눈이 왔다
약속이 지켜지지 않기에 눈이 오지 않는다
약속 어기고 기다리지 않기에 눈이 오지 않는다

성형한 마스카라 립스틱 칠한 얼굴을 위하여
호피 코트 입은 화려함 축복하기 위하여
지켜지지 않는 약속 지키기 위하여
기다리지 않는 약속 기다리기 위하여
사랑하지 않는 모든 사랑 약속하기 위하여
옛날에 오던 눈은 이제 오지 않는다

핑경 소리 나던 시절

홀든 코필드에게 꼬마 여동생이 오빠가 하고 싶은 게 뭐냐고 물었을 때, 호밀밭 파수꾼이 되어 절벽에서 놀고 있는 아이들 지켜주고 싶다고 말했다

시인 안도현은 「서울로 가는 전봉준」에서 "조선의 호랑이처럼 모여 울어주지 못하였네, 더운 국밥 한 그릇 말아주지 못하였네"라고 자책하였다

로봇 같은 사람들로 가득하다면 행복이 있을까요 소도 이별할 때 눈물이 고인다고 한다 개를 몽둥이로 패서 잡아 먹는 常漢들 보면서 '땡그랑땡그랑' 핑경 소리나던 가난하던 시절이 낫겠다고 말하고 싶어진다

후난성 馬橋에 있었던 일

 해 보는 날 드물어 하늘에 해 뜨는 것 보면 개가 이상히 여겨 짖는 蜀犬吠日 타향에서 시집 생활 끝에 동생 보러 왔다 장가는 커녕 쪼그라들어 숨도 못 쉬고 고달프게 살아온 동생을 보고 이렇게 세상이 무정할 수 있느냐고 한탄했다 방 하나 이불 하나라서 부뚜막 옆 바닥에 쪼그리고 잠을 청하는 동생에게 속옷 풀어헤친 채 "그냥 모르는 사람으로 치고 대충 한 번만이라도 여자 맛을 느껴 보렴"하고 외쳤다 동생은 문 박차고 비바람 속으로 사라져버렸다

흐린 물 가에서

국왕의 시종무관장 민영환이 목숨 끊었다
식객 송병준은 나라 팔아 먹은 댓가로
일왕에게 은사금, 子爵, 홋가이도 목장 받았다
항우가 오강에서 자결했다
황금 1천량, 1만호 영지 현상으로 걸려 있었다
한나라 군사들이 시체를 갈기갈기 찢었다
5명이 제후로 책봉되었다
사마천이 오강 지나다 史記에 적었다
항우가 죽고 70년 뒤 치사한 제후들도 다 죽었다
한 치 양보없이 다투던 일도 세월이 지나고 나니
죽기살기로 다투던 일도 세월이 지나고 나니
아무렇지도 않았는 일이 되어 있었다
흐린 강물도 아무런 일 없다는 듯이 흐르고 있었다

시베리아 원주민

광활한 땅에는 3200만명이 살고 있다
원주민은 160만명이 안 된다
奧地에는 레닌이나 2차세계대전 들어본 적 없는
부끄럼 많이 타는 원주민이 살고 있다
쇼핑 같은 섹스나 즐기고
자기만 아는 교활한 인간보다야
어둠보다 까맣고 백설보다 하얀
한 가지 마음 살결 가지고 있는
부끄럼 많은 원주민 나는 좋아한다

문화예술회관 뜰에서

두류산 무릎 아래 문화예술회관
유치환에서 문무학에 이르기까지
비올론첼로 협주곡이 유려한 음색을 이루었고
성당못이 하나의 무대의 풍경이 되었다
슈만의 트로이메라이 바이올린 화려한 선율에
女子 國唱의 창창한 목소리에
문화예술회관 크림빛 건물이 빛났다

예총 50사가 간행된 2012년
솔송나무 어우러진 문화예술회관 뜰엔
송이가 크고 흰 서설이 내리고 있었다
송이가 크고 흰 서설이 내리고 있다고
박쥐우산 펼쳐 든 커플 연인들이
키스하고 키스하고 키스를 하고 있으면

슈만의 트로이메라이 바이올린 선율에
여자 국창의 창창한 목소리에
포레의 레퀴엠이 悲愴으로 흐르는

신영옥의 비브라토 맑고 가늘게 떨리는
문화예술회관 크림빛 건물이
송이가 크고 흰 서설 맞으며
모처럼 웃고 계신다

친구 구활

금호강 사과밭 떠나지 못했다

햇살 감기는 고샅길 있기에
국밥 말아 먹는 하양 장날 있기에
꼬리 긴 노랑할미새, 가슴붉은딱새
한 지붕 밑에 살고 있기에
털 속에 먹이 숨겨뒀다가
새끼에게 주는 개개비 있기에
버들숲 갈대밭에 물새 발자국 있기에
여름이 남기고 간 소나기 구름이 있기에

금호강 사과밭 떠나지 못했다

우체국장 이무길

「릴케에게」로 신춘문예에 가작을 했다
술 취하면 "고독은 고독은……" 하다가 잠이 든다
시는 써도 발표는 안했다
경남 함양 우체국장으로 퇴임했다

"인공기 단 구데리안 전차 초록 물결 산하를 밟고 지나갔다. 시원한 남방셔츠 사나이는 캐터필러 자국난 9월의 풀꽃을 기억하며 사장 딸 미스박과 호텔문을 열었다"는 詩에는 물새 발자국 같은 한 시대의 풍경이 있었다

근황

김재호 시에 이수인 곡을 붙인
'고향의 노래'를 듣는 날엔
못물이 풀리는지 강물이 풀리는지
산그늘쪽은 얼음이 덜 녹아 하양이고
마을쪽은 얼음이 다 녹아 파랑이다
먼 산 바라보고 있는 날이 많아지니
이런 저런 것들이 눈에 들어온다

4

憙樂和樂

노란 꽃 그늘 아래
병아리들 삐약삐약 놀고 있다
꽃 피는 情分으로
분분히 모여 앉아 놀고 있다
노란 꽃 그늘 아래
노란 주둥이들 삐약삐약 놀고 있다
왠종일 할 일 없이 방울소리 굴리면서
方暢한 날 골라 희락화락 놀고 있다

풍경의 傾斜

바다가 보이는 언덕에 사는 사람은
바다가 수만 개 별빛 바구니에 담아
남몰래 하나씩 주고 있음을
바다가 보이는 언덕에 사는 사람은 알게 된다
언덕 아래는 들이 넓은 양옥과 교회당 사이
성냥갑만한 酒店도 눈에 띄지만
아침저녁 비탈길 오르내리면서
바다가 아무도 모르는 별빛 하나씩 주고 있음을
물감색 원피스나 입고 다니는
살아가는 지혜로는 알 수가 없다

겨울이 지나고 바다에 봄이 와도
도시 풍경에는 이상이 없고
바다만이 제 깊은 사연으로 침잠해가도
海岸通으로 뻗은 귀로에는
목이 쉬고 목살이 메여 노을이 메아리져도
바다가 별빛 찍힌 편지 한 장씩 노나주고 있음을
그냥 사는 사람들은 알 리가 없다

---

* 옛 원고를 다시 고쳐 쓰다.

디오티마에게

단테에게는 베아트리체가 있었다
페트라르카에는 라우라가 있었다
횔덜린에게는 디오티마가 있었다

디오티마는 횔덜린에게는
헬레니즘 시대 미의 축도였다

목요일에는 디오티마를 잊지 못해
강 따라 물 가운데로 난
포플러 먼 길 걸었다

사랑없이 사느니
사랑의 제물이 되는 것이
나았을 것을

파란불 꽁지에 달고
네카 강변을 나는
반딧불 한 마리
디오티마 손 안에 넣어 주었다

여수항에서

꾀꼬리 목청이 바다에 빠지는 여수항

시드니 오페라하우스를 옮기지 않더라도
여수는 이름대로 아름답다
이미자는 삼백 리 한려수도 그림 같다지만
무덤이 점점이 떠 있는 검은 섬들이
주검이 떠돌아 다니는 孤魂들이
여자가 남자를 호리는 고혹의 바다

때로는 微白으로
때로는 波浪으로

S라인 선연한 여수 미항은
눈물 그렁그렁한 감청의 바다이다

까치야 까치야

마을 초가 벗기고
슬레이트 지붕 얹었다

눈썹 그리다 아껴둔 초승달
잠시 보이다 숨어 버렸다

마을 한 바퀴 돌아봐도 아는 얼굴 없었다

홰나무에 앉아 말 거는 까치가 반가워
"까치야 까치야"
아는 채 했다

2월이 좋은 것은

　2월이 얼굴 화장 안 하는 剛毅木訥 여자라면 3월은 얼굴 화장 잘 하는 巧言令色 여자란다

　봄 바라보고 섰는 2월이 좋은 것은 애월읍에서 보이는 눈 덮인 한라산 때문이다

　봄 기다리는 2월이 좋은 것은 베른시에서 보이는 눈 덮인 알프스 때문이다

　봄 바람이 마중하는 2월이 좋은 것은 요코하마항 뒤로 보이는 눈 덮인 후지산 때문이다

　까치 짝짓기하는 2월이 좋은 것은 아파트 창 밖으로 까치 발목에도 잔설이 남아있는 소방산 때문이다

까치놀

살얼음이 깔린 개울 가
까치 몇 마리 모여
칠흑 언 날개 녹이고 있다
인기척에 불쑥 날아오르는 순간
수평선 보이는 등 뒤로
까치 날개 퍼덕거리는 죽지에
白蠟의 물거품 이는가 싶더니
저녁놀 캉캉 치는가 싶더니
희번덕 붉은 빛 스쳐 지나간다
이것을 까치놀이라고 부르고 싶다

사초과 가는 잎들이

낮술 먹고 여자 탐하기 좋아하는
남자의 서글픈 욕정 알 수 있겠는가

키 낮은 봄까치꽃 그림이 걸린 욕조 안
거뭇거뭇한 여자 거웃이 부추기는
莎草科 가는 잎들이 일렁인다

낮술 먹고 저 혼자 붉게 취한
남자 서글픈 욕정 어찌 알 수 있겠는가

까투리 등에 올라 탄 장끼 시도때도 없이 한바탕 법석 떠는 거 콩밭 고랑에서 보지 않았던가

I have nothing to do with it

실버들은 실버들끼리 살 닿으려는 감촉에
강아지풀은 강아지풀끼리 입 맞추려는 눈빛에
수창포는 수창포끼리 자주빛 요염한 입술에
수레국화는 수레국화끼리 소똥 먹고 자란 발자국에

모노톤 하늘 아래 여수만 작은 섬들이 媾合하는 오르가즘에 황홀했다

분지에 내린 눈

분지에 눈 내린 날
마음 昭昭明明 하였다

남자 목소리 죽어 있었다
여자 목소리 살아 있었다

시무룩하던 나뭇가지 눈꽃 피웠다
고라니 발자국 싸목싸목 남아 있었다

男根이 언 남정네 테 없는 밀짚모자 쓰고
거지 여인이 죽은 산으로 올라갔지만

부풀어 오른 몽우리 잠재우지 못했다
걸쭉한 性 잠재우지 못했다

볍씨 모아서

이 정 저 정 萬情이 다 들었는
이 세상에서 가장 좋은 볍씨 모아서
각시 窟 속에 넣어주고 싶었는데
각시 질 속에 심어주고 싶었는데
기생꽃 무리지어 피고 있는
바람부는 강가에 흩뿌리고 말았다

일 없는 오후

굴밤 주우러 다니는
늙도 젊도 않는 여자들이
갈색으로 물드는
졸참나무 밑에서

—오만원 주고 해 보이소

굴밤 주우러 다니는
늙도 젊도 않는 남자들이
굴참나무 밑에서

—돈 있으면 좋은 세상이네

노랑나비 한 마리
무덤 가 날고 있는 오후

林間學校

초록 교실에 둘러싸인 임간학교 화장실
가까이서 보니 메스꺼운 욕지기일지라도
멀리서는 그지없이 아름답다
經典도 구름 높이 떠 있었기에 영원하듯
후지산도 여자도 멀리서 보아야 아름답다

이런 횡재

요조숙녀로 변신한 무당벌레
격렬한 교미 벌이는 꽃그늘 환한 대낮
하얀 낮달이 노란빛 띤다
눈 먼 거북이 물에 뜬
나무토막 만나는 횡재가 아니더라도
교미하려는 낮달이
꽃그늘로 숨어드는 모양이다

항변

그늘을 주는 고마운 나무 왜 베느냐고 물으니
땔나무하려고 벤다며 눈 부라린다
자식 촌수보다 돈 촌수 가까운 것 알게 되었다
입 다물고 있으면 사내와 놀아난 것 표 안 나도
나무 벤 자리 그늘 없는 것 표 났다
뙤약볕 오지랖 넓은 그늘 앗아갔다

5

하양의 강물 · 1

까치 소리에 구름이 모였다 흩어졌다
는갠지 안갠지에 가려서
강물이 안 보이더니
무학산 등성이에 올라가니
하양의 강물 河가 햇볕 陽에 드러났다
구릉을 쏘다니는 白手들의 고함이
부랑스럽고 우악해 보이지만
갈꽃 능선을 오르다 보면
슈만의 트로이메라이 바이올린 선율에
멘델스존의 아베마리아 선율에
하양의 강물이 흐르고 있었다

하양의 강물 · 2

하양의 강물은 늘 그렇게 있어야 했다

江畔 버들가지 꺾어 잘게 갈라서
술 얼룩 성감대 자극한 여자 단내를
흰 모래톱에 씻고 돌아왔다
말라르메 '얼어붙은 호수' 쪽으로
기우뚱했던 말잔치도 닦아냈다

방학이라고 돌아온 버들숲이
아카디아 라도 강변에서 목욕하는 水精들이
세일러복 입은 여자임을 알았다

강 저쪽 남자 노래하고
강 이쪽 여자 화답하고
이쪽 저쪽 강물에 잠긴 버들숲이 손뼉치고
녹색부전나비 빙빙 돌며 날아다니고

하양의 강물은 늘 그렇게 있어야 했다

반야월은 지금

팔공산 초례봉 보이는 반야월
금호강 비단 물결 대신
회와 가락국수 팔고 있다
회와 가락국수는 안 어울리는데
벽에 붙은 가격표 보면
간단하게 만원,
적당하게 이만원,
잘 해오면 삼만원,
가격은 멋대로다
당숙이 살았을 때만 해도
소소한 마음 모여 살았는데
당숙이 떠나고 없는 반야월은 지금
어느 날 강둑 거닐며
친척 여동생에게 이성을 느꼈던
그런 도시로 남아 있는 곳이다

뻐꾸기와 굴뚝새와 박새

얼굴 못 본 뻐꾸기 소리 디딜방아 찧던 시절 엄마 등에 업혀 들었는데, 여러 뻐꾸기 얼굴 한 번도 보지 못했다고 말한다면 사진 한 장 보여주며 색시 얼굴 참하다고 말한 중매쟁이와 다를 바 없다

음울한 마음 가라앉는 靑玉 같은 물소리 밟으며 정금열매 까만 금낭화 꽃길 걷다보니, 동박새가 金木犀 회갈색 가지 끝에서 울고 있다

중참 먹고 쉴 참에 떨림이 좋은 굴뚝새 소리 초르초르초르 멀리서 들려오고, 아청빛 출렁이는 뻐꾸기 소리 나리꽃 닮은 목청으로 울고 있다

검은등뻐꾸기 호올딱 버엇고 호올딱 버엇고 연방 트럼펫 분다 산비둘기 구국구욱 구국구욱 작은 북소리 내고, 수탉 홰치는 소리 영락없이 심벌즈 소리다

가난한 우리 동네 옹달샘 찾는 박새 한 마리 뽀르 로

로로 쪼쪼 쯔비 쯔비 쯔쯔비 가슴 앓는 소리 남기고 간다

동강리

반짝이는 강물 보이는 산에 올랐다
신갈나무와 서어나무 사이 오가는
장수하늘소를 볼 수 없었다
햇살이 반쯤 낯설게 쏟아졌고
햇살이 반쯤 낯설지 않았다
멀지 않은 어제만 해도
모래가 반짝이는 강가 양철 지붕은
옷감을 물들이는 반물집이나 과수원이었는데
다께히사 유메지 그림 닮은
속눈썹이 긴 소녀는 보이지 않는다
아픈 사람은 자기 눈으로 세상을 본다는데
산허리 구절초 명주실로 희게 늙어 버렸다
오르간 소리 들려오는 화단 곳곳에
나팔꽃이 환하게 시절 담고 있었고
바람이 흔들며 지나는 풍경에는
먼 어제 강물이 잠겨 있었다

다시 동강리

얼갈이 배추 심으러 가다 배추부침개 안주 막걸리에 취한 당숙 아재 또 어중간해진다

겨드랑이 주머니 옆 행낭 같은 수염 달고 있는 잎사귀들이 풀 먹인 적삼 스치는 소리에도 와삭거린다

수숫대 서걱거리는 밭고랑에 엎어져 낮거리해야 곡식 낟알 굵는다고 낮술에 벌건 당숙 아재 그 마을에서 볼 수 없었다

竈王紳이 도와야

휴대폰 만지작이며 노는 재미에 빠진 젊은이들이야 나이 먹는 줄 모르겠지만……

여울져 흐르는 냇가에 모여 재잘대는 새들이야 세월 가는 줄 모르겠지만……

한 해 저문다고 한 해 마지막 눈이 내린다고 초립둥이야 서둘일 없겠지만……

한 해 저물기 전 절 부엌 뒷벽 竈王壇에 시주를 해야 나귀님이 물살 빠른 개울 건너 소금섬 끌어 준단다

검불 묻은 바람이 첨지 발걸음 재촉하고, 아들 낳았다고 새끼줄에 고추 달아 삽짝에 兢懼치고, 부뚜막에 엿을 붙여 섣달 그믐께 조왕신 입막음을 해야 한 해 무사히 넘긴단다

반나절 봄

소리, 파시, 미카 이름을 가진 기차 아지랑이 언덕 넘는 반나절 봄이 있다

KTX가 서울서 부산까지 왔다 갔다 해도 시간이 남는 반나절 봄이 있다

버들가지 물 위에 졸고, 풀밭에 늘펀히 앉아 쉬는 반나절 봄이 있다

고운 나이에 세상 등진 외사촌동생 순자 생각나는 반나절 봄이 있다

어린 마음 떠나지 못하고 물가에 앉았는 반나절 봄이 있다

한열 아재 없는 고향

 한열 아재는 태어난 고향을 떠난 적이 없었다. 나무로 불을 때서 구들 뎁히고 밥해 먹고 조상님 산소 돌보며 살았다. 까불고 무시해도 아무런 대꾸도 하지 않았다. 한열 아재는 사람 편하게 하는 마음 가지고 있었다. 나에게는 종숙이지만 나이는 나보다 아래다. 어릴 때부터 머리 크기가 단지만하다고 '아이 단지'라는 별명이 붙었다. '두대발'이라고 놀림을 당했다. 어릴 때도 한열이고, 어른이 되어서도 한열이다. 택호도 없이 아이 어른 할 것 없이 한열이라고 불렀다. 고향 떠나 객지에 살면서 명절날 다니러 가면 "조카 오나……" 하고 반가워했다. 한열 아재는 아침에 일어나면 평경 소리 '땡그랑땡그랑' 하는 소마구간에서 소 목덜미 쓰다듬어주는 일로 하루를 시작했다. 한열 아재는 소를 한솥밥 먹는 식구로 여겼다. 저녁마다 쇠죽 쑤어 소한테 주었다. 논밭갈이로 한창 바쁠 때에는 여물을 보리와 살겨, 콩 섞어 쇠죽을 쑤었다. 한여름이면 더위로 입맛이 떨어진다고 쓴 너삼즙 내어 먹이는 일도 잊지 않았다. 겨울에는 짚으로 거적옷 만들어 입혔다. 정월 보름 식구들이 먹는 오곡밥과 나물도 주었다. 쇠꼴을 베어 오고, 소 몰고 나가 풀을 뜯기기도 했다. 오독오독 풀 뜯는 소 흐뭇하게 바라 보았다. 노간주나무로 쇠코뚜레를 만들었고, 들에서 점심 먹을 때 젓가락이 없어도 나뭇가지 꺾어 대충 맞춘 것으로 밥을 잘도 먹었다. 풋보리 떡보리 남보다 먼저 베어다 먹었고, 보리누름에는 조개 잡으러 강에 들어갔고, 대소가 잔칫집 초상집 궂은 일 도맡아 거들다가 돼지 뒷다리 슬쩍 숨겨가기도 했다. 머리 모양은 쑤석쑤석한 쑥대 같았다. 얼굴은 물 마른 논에 꼬창모 심는 일꾼의 모습과 흡사 닮았다. 집안 누구 결혼 사진 한 귀퉁이에 얼굴 안 내민 적이 없었고, 누구네집 별식이라도 할라치면 먼저 상머리에 앉았다가 핀잔받고는 뒷자리로 슬그머니 밀려나곤 했다. 새 옷 한 번 입어 보지 못했고, 고생스러운 생활 벗어나지 못했다. 지난 여름 경운기에 고추모종 싣고 가다가 화물차에 부딪혀서 세상 떠고 말았다. 종조모댁 맏아들 한열 아재는 평생 농사 지으며 그 마을에서 태어나 그 마을에서 살다가 그 마을에 죽어 묻혔다. 한열 아재 살고 있을 때 고향 마을은 산과 들이 꽃빛으로 고왔다. 이제 한열 아재 없는 고향은 고향 냄새가 사라지고 없는 마을로 변했다. 설이나 추석 때 고향에 가도 한열 아재 같은 사람은 만날 수 없다. 냇물 위로 길게 누웠던 나무다리가 시멘트로 바뀌었고, 갈대숲에는 분뇨 탱크가 축조되어 물이 흐려졌다. 냇가 청람풀꽃은 없다. 잔돌멩이 사이로 피라미 떼지어 몰려 다니던 모습 볼 수 없다. 마을 아늑하게 두르고 있던 식구 같은 감나무, 처녀 긴 머리채마냥 치렁치렁한 그림자로 드리우던 수양버들. 한동안 논배미에 앉아 나무다리가 시멘트다리로 변했는 징금다리께를 바라 보고 있자니 문득문득 종조모댁 뒤란 붉은 석류꽃 알알들이 한열 아재 얼굴과 겹쳐지면서 지난 시절이 아슴푸레 떠오르고 있었다.

헌 고무신

 잔치 끝나고 고무신 찾는다고 먼 마을까지 간다 새 고무신 못찾고 헌 고무신 신고 먼지 이는 治道 걸어오다 맥이 풀려 쉬고 있는데 산토끼가 나타났다 산토끼가 아니고 헛 것을 본 것이다 상수리 마른 잎 버석거리는 소리였다 산토끼 한 마리 먹여 살리지 못하고 노는 척박한 땅, 헌 고무신 끌고 돌아오는 날 허기진 저녁놀 핏빛으로 물들고 있었다

우리 사랑도

어느 날 강둑을
마음 한 줄기로 따라가면
아련히 지워지는 그 끝머리에
달이 뜨는데
사철 쑥 자라던 우리 사랑도
지금은 彼岸에 돌아눕고
불러도 대답없는 나루터에선
여드름이 가셔진 턱 고이면
꽃 같은 내 소녀의 髑髏가 우는
바람 소리 물 소리

무학산을 보며

 무학산에 서설이 내리면 봄 길었다
 어머니 친정 다니실 적엔 백리 바깥도 아득한 산등
성이었다
 분이 시집 가던 날 한 닷새 눈이 왔다
 천지가 눈으로 앙앙 울어댔다
 첫날밤 눈이 붓도록 울고 읍내로 시집 간 분이는
 한 번도 친정에 오지 않았고
 무학산에는 서설이 내리지 않았다

| 시인의 산문 |

시의 스펙트럼과 고향

    다윈은 바글호를 타고 영국 포츠머스항을 떠나 마젤란 해협, 갈라파고스, 타이티, 아프리카 남단을 돌면서 자연과 생명을 관찰했다. 자연과 생물을 관찰하면서 과학자의 유려한 언어를 찾기 위한 항해는 5년이나 걸렸다.
    시는 존재의 한 순간을 잊혀지지 않는 그리움으로 나타낸다고 말하지만, 시의 언어는 유려함이 있어야 한다. 언어의 유려함이 없다면 시다움이 없다. 나는 이 말의 연원을 알아내고, 시의 스펙트럼에서 고향을 찾아내려고 많은 시간이 걸렸다.

    토마스 울프가 쓴 「그대 다시는 고향에 못가리」에 나오는 주인공 조오지 웨버는 이모의 장례식에 참석하기 위해 15년 만에 고향 리비아 힐로 돌아왔다. 웨브

가 돌아온 고향은 그가 상상했던 고향과는 너무나 달랐다. 고향은 신흥도시로 면모를 일신하고 있었고, 주민들은 부동산 매매와 투기 광풍에 혈안이 되어 있었던 것이다. 그래서 조오지 웨버는 고향에 대해서 환멸을 느꼈고, 자기는 고향에 적합하지도 적응할 수도 없다는 것을 깨닫게 된다. 소년 시절의 꿈은 고향에 돌아옴으로써 산산조각이 나버린 것이다.

토마스 울프는 작품 속의 주인공 웨버를 통해서 지난 날의 아름답던 고향 사람들은 부동산 투기꾼으로 득실거렸고, 그 순박했던 고향 사람들은 돈벌이에 혈안이 되어버려 다시는 고향을 찾지 않겠다고 결심하게 된 것이다.

고향을 말할 때마다 고향은 늘 나를 거짓말쟁이로 만든다. 마을 앞을 흐르는 강물은 또랑물이 되어 흐르고 있었고, 발가벗고 놀던 냇가 우뚝한 바위는 작은 돌멩이에 지나지 않았다. 마을 앞에 있는 산에 오르면 미라처럼 누웠는 못물은 더없이 깊고 푸르게 보였다. 호랑이가 칡덤불 속에 낮잠을 자고 있다는 계전동의 달음산은 200m도 안 되는 야산에 지나지 않았다. 그래서 고향은 늘 나를 거짓말쟁이로 만들었기에 이제는 고향을 함부로 말해서는 안 된다는 것이다.

〈옛 동산에 올랐다/추억의 소나무는 없어지고/잡풀이 무성한 언덕에는/띄엄띄엄 무덤이 흩어져 있었다/몇 년 만에 올라와 보는가/돌아 흐르는 강물이 한 눈에 들어온다/종달이, 수길이, 오종인, 그리고 갈래머리 분이./옛 이름이 저절로 흘러 나온다/양철 지붕 대신 슬레이트 지붕이/태양에 회색 빛깔을 드러내고 있었다/개나리와 진달래는 졌고/할미꽃 말나리가 피어 있는 묘역 가까이/까막까치가 놀고 있었다//황순원 선생은 장편『일월(日月)』에서/출생의 신비를 말했지만, 사람이 한평생 제 구실을 하면서 살다가 맞는 죽음이야말로 얼마나 인간적이고 엄숙한 것인가//소주병이 뒹구는 비탈길 내려오니/무덤엔 노랑나비 한 마리가 앉아 있었다/마을 건너 산이 있고, 산 가운데 강이 흐르는/산불고(山不高), 수불심(水不深)이라더니/눈물조차 안 나오는 풍경이다〉
— 「옛동산에 오르니·1」 전문

고향으로 가는 초입에는 방죽이 있고, 못이 있고, 측백나무 울타리로 에워싼 면사무소가 있고, 면사무소 옆 작은 둔덕에는 묵은 살구나무 몇 그루가 서 있다. 살구나무 분홍꽃 화사한 빛깔 때문에 영감을 받은 것은 아니지만, 살구나무 그늘에 서면 마을은 포근히 누워있다. 여기저기 무너져내린 흙돌담이 바람이 불 때마다 나뭇잎이 물소리를 내며 우는 강둑의 풍경이 시야 밖으로 넓혀졌다. 그런 풍경이 시를 노래하는 그리움을 줄까. 하나의 풍경이 내면에 스민 어떤 전형성이 그리움이라는 영감의 원천이라는 생각이 든다. 그 길에는 정겨운 마을 이름들이 늘어서 있다. 동강리, 계전리, 소월리…… 마을을 지나갈 때마다 마을은 미세한 그들만의 숨결을 들려준다.

까맣게 익은 열매를 달고 거름무더기 옆에 자라는 까마중 같은 마을 사람들의 구수한 얼굴과 살냄새……. 그럴 때마다 나는 길을 멈춘다. 바람개비로 돌아오던 과수원 길에 서서 詩를 쓰기도 한다.

〈아쉬워하는 것들은/해질녘 바람뿐이다/냇가 들풀이나/문중일가(門中一家)가 흩어져 간/마을 어귀/봄풀이 눈 맞고 있었다/바람이 입 막는/논두렁길을 나서면/물소리 지켜 섰는/한길가 백양나무/바람개비로 돌아오던/과수원길엔/하늘 찢긴 비닐봉지/반라(半裸) 표지(表紙)로/뒹굴고 있었다/지난 날의 발목/냇물에 씻겨갔다/신방(新房)의 금자(金尺)로도/잴 수 없는/아득한 눈발이여.〉
—「과수원길」 전문

세월이 사람도 강물도 변하게 했다. 노적가리 쌓아 올리던 논마당에는 러브호텔이라는 이름의 여관이 곳

곳에 서 있고, 내 문학의 감수성의 모태가 된 동강리에서 계전리로 물굽이 돌아가는 피라미떼 놀던 강가 맑은 갈대숲에는 분뇨 탱크가 갈대밭 가운데 축조되어 그것 때문에 강물이 오염되어 냇가 어디를 가도 청람풀꽃 하늘대는 모습은 찾아 볼 수 없다. 고향은 너무나 변해 버렸다. 좋은 쪽으로 변하지 않고, 나쁜 쪽으로 변해가고 있기 때문에 고향을 생각할 때마다 자꾸 슬퍼진다.

〈무학산에 서설이 내리면 봄이 길었다/어머니 친정 다니실 적엔 백리 바깥도 아득한 산등성이었다/분이 시집 가던 날 한 닷새 눈이 왔다/천지가 눈으로 앙앙 울어댔다/첫날밤 눈이 붓도록 울고 읍내로 시집 간 분이는/한 번도 친정에 오지 않았고/무학산에는 서설이 내리지 않았다〉
— 「무학산을 보며」 전문

이 시에서 하고 싶었던 말은 분이가 시집을 가고는 친정인 고향을 한 번도 찾지 않았다는 데 있다. 계전리에 산 분이는 경북여고 재학 때 시집을 갔다. 분이가 시집가던 날부터 오기 시작한 눈이 한 닷새 계속됐다. 눈은 분이의 슬픔을 덮어주기라도 하는 듯 톨스토이 소설에 나오는 루진이 방황하던 눈벌판처럼 천지는 하얇게 내린 눈으로 앙앙 울어댔다. 꿈이 많았던 분이를 억지로 시집 보낸 어른들에 대한 분노로 이 시를 쓰게 되었다.

〈금호강 사과밭 떠나지 못했다//햇살 감기는 고샅길 있기에/국밥 말아 먹는 하양 장날 있기에/꼬리 긴 노랑 할미새, 가슴붉은딱새/한 지붕 밑에 살고 있기에/털 속에 먹이 숨겨뒀다가/새끼에게 주는 개개비 있기에/버들숲 갈대밭에 물새 발자국 있기에/여름이 남기고 간 소나기 구름이 있기에//금호강 사과밭 떠나지 못했다〉
―「친구 구활」 전문

1960년대 중반 이미자의 「동백아가씨」가 한창 유행하던 시절, 와촌서 대구로 유학온 우리들은 기차 통학을 하거나 자취하거나 친척집에 쌀 한 말에 돈 천원을 주고 하숙하기도 했다. 일주일에 한 번씩 토요일이 되면 동촌, 반야월의 사과밭을 지나 햇살이 몸에 감기는 청천 하양 금호강 비단 물결을 보면서 '미카' '파시' '소리' 등의 이름을 붙인 석탄 연기 시커멓게 내뿜는 증기기관차를 타고 고향으로 갔다온다. 구활의 고향은 하양이고, 내 고향은 와촌이다. 하양에서 북쪽으로 시오리쯤 상거(相距)한 곳이 와촌이다. 구활의 고향 하양과 내 고향 와촌은 시인이며 문학평론가 박용철의 고향인 송정리와 시인 김영랑의 고향 강진은 바로 이웃이다. 나는 구활의 산문을 읽을 때마다 풀새비똥이 시커멓게 묻은 어린 시절로 돌아간다. 구활의 시적인 수필은 물새 발자국처럼 한 시대의 사위어져 가는 고향 풍경을 보는 것 같다.

〈강물 흐르는/고향 동강 수유리(水流里)/올 추석엔 오천원의 보너스로/벼 익은 하늘을 파랗게 보았다/숲이 많은 수유리에는/울산 등지에서 온 기술자들이 부쩍 늘었고/할아버지 연적(硯滴), 시절의 장롱 대신/울산 등지에서 가져온 신식가구(新式家具)들로/수풀들은 윤이 나고/농부의 아내들은/윤택한 살림이라 자랑들 한다/호롱불은 문명의 한 시절을 사르고 갔지만/전깃불은 문명의 한 시대를 사를 수 있을까/어릴시 등교길 풀섶에서나/정각(亭閣) 대청마루에서 보았던/비행기는 참 신기했는데/잠 오지 않는 요즘은 웬일일가/처서와 백로가 지나고/먼 경칩의 봄은 와도/절후가 지나는 개울물 소리 안 들리고/아내의 살림이 윤택해졌다 해도/여름을 탈바꿈한/노을 삭은 언덕길엔/풀벌레 울음조차 들려오지 아니한다〉

— 「동강리」 전문

고향으로 갈 때마다 나는 차창 밖으로 보이는 낮게 엎드린 야산을 보게 되고 지나치는 마을 입구마다 서 있는 느티나무를 보게 된다. 차창 저 편에 나타났다가 사라져

가는 강물에 눈을 주면서 생각에 잠기곤 한다. 봄이면 산과 들에는 잎이 돋고 꽃이 핀다.

여름을 넘기면 나무들은 물이 들고 잎을 떨어뜨리며 가을이 간다. 우리들이 살아가는 그것과 무엇이 다르랴. 내 손에, 내 얼굴에 주름을 남기고 그렇게 시간은 흘러가리라. 흘러가는 강물에 두 번 손을 담글 수 없다고 누군가 말했던가. 내 생애의 강물도 저렇게 흘러가고 있는 것이다. 시간은 아무도 기다려 주지 않는다. 내가 가지고 있는 모든 것들을 언젠가는 다 가지고 갈 것이다. 고향으로 갈 때마다 이런 따위의 감상에 사로잡히다 보면, 나는 어느덧 포플러가 줄지어 섰는 고향 마을 동구 앞에 서 있게 된다.

경산시 와촌면 동강리 171번지, 내가 웃고 울며 자란 고향이다. 마을 앞으로 강물이 동으로 흐르기 때문에 동강리(東江里)라 했단다. 서강리(西江里)란 이름보다 얼마나 따뜻한 이름인가. 내가 이런 이름을 가진 마을에서 자라지 않았다면 시인이 되지 못했을 것이라고 나를 아는 분들이 술자리에서 농삼아 말하기도 하지만, 동강리란 이름이 시인의 고향 마을 이름으로 어울린다고 생각해 보기도 했다. 가까운 곳에 고향을 두고 있건만, 마음속의 고향은 언제나 멀리 떨어져 있었고 아득하게만 느껴졌다. 나에게 남아 있는 고향의 이미지는 부호의 딸을

아내로 삼아 궁정 시인으로 영달한 자허지부(子虛之賦)의 사마상여(司馬相如)가 세 필의 말이 끄는 수레를 타고 금의환향하는 이미지가 아니고, 동구 밖 키 큰 홰나무가 바람 속에 떨고 있는 이미지로 남아 있다. 향수가 이런 것이 아니겠는가. 그러나 향수란 사람의 마음을 외롭게 흔들어주는 것만 아니다. 어떨 때는 우리의 거칠어진 정서를 곱게 빗질해주기도 하고, 흩어진 생각을 외가닥 길로 인도해주기도 하는 것이다.

복잡한 도시 공간 속에서, 일상의 부대낌 속에서 벗어나 술에 취해서 밤늦게 집으로 돌아올 때면, 방죽이 있고, 강물이 흐르는 숲이 있고, 포플러로 에워싸인 운동장을 가진 학교가 있고, 측백나무 울타리로 둘러싸인 면사무소가 있는 고향을 생각하게 되고, 어린 날로 돌아가게 해 주는 것이다. 그렇다. 유년의 땅에 돌아오면 누구나 지난 날의 잃어버린 것들을 되찾게 해주는 것이다. 수로에 잠겨 첨벙대며 밤길을 따라오는 물속의 달, 집 뒤란까지 다가선 산그림자, 무더운 여름밤 무시로 느껴지는 서늘한 바람기, 하늘에 가득한 별과 꽁지에 파란 불을 달고 무수히 날아다니는 개똥벌레, 수시로 떨어지는 별똥별과 야밤의 광대무변한 정적과 침묵……. 그런 것들이 겁많은 어린 날의 우리를 떨게 했고, 섬뜩거리게 만들었고, 까닭없는 공포감으로 몰아넣었지만 그 공포감이 우리를 순수하게 했을 것이다. 그렇다면, 내가 유년의 땅에 와서 두려움과 공포감을 되찾는 것은 잃어버린 옛날의 순수를 되찾아 가고 있는 것일까. 고향을 돌아볼 때마다 느끼는 어떤 두려움과 부끄러움은 도시에서 익혀온 거짓 의상과 속임수의 몸짓들이 깨끗하고 순진한 고향 풍물 앞에서 발가벗겨져 가는 자기 폭로에서 오는 일종의 두려움 같은 것이 아니겠는가.

고향에는 언제나 정든 풍물과 인정이 밝은 거울이 되어 거울 앞에 선 자기의 모습을 잘 드러내준다. 여름 시원한 그늘, 매미소리 합창 속에 한 소년을 잠재워주던 늙은 팽나무 아래 섰을 때, 초등학교 4학년 때 젊은 여선생님이 울고 떠나간 아카시아 무성했던 신작로가 내려다보이는 산허리를 돌아설 때, 올해 아흔여덟이 된 종조모의 까마득한 나이를 바라볼 때, 고향은 나에게 무엇을 가르쳐 주었으며 고향은 나에게 무엇을 안겨다 주었을까. 내가 그리워하고 그리워했던 고향은 나에게 아무것도 가르쳐 주지 않았다.

도광의

1941년 경북 경산에서 출생하였고, 경북대학교 국문과를 졸업하였다. 1966년 《매일신문》신춘문예 당선, 1978년 『현대문학』 천료로 등단하다. 시집 『갑골길』, 『그리운 남풍』을 출간하였으며, 제1회 대구문학상, 대구시문화상을 수상하였다.

하양의 강물

초판 1쇄 펴낸 날 / 2012년 5월 30일
초판 2쇄 펴낸 날 / 2013년 5월 10일

지은이 / 도 광 의
펴낸이 / 박 진 환

펴낸 곳 / 만인사
등록번호 / 1996년 4월 20일 제03-01-306호
주소 / (우)700-813 대구광역시 중구 대봉2동 743-7
전화 / (053)422-0550
팩스 / (053)426-9543
홈페이지 / www.maninsa.co.kr

ISBN 978-89-6349-035-9 03810

이 책의 내용의 전부나 일부를 재사용하려면
반드시 저작권자나 만인사 양측의 동의를 받아야 합니다.

값 8,000원